LOUIS XVI

ET

MARIE-ANTOINETTE.

Par le Ch^{er} F.-N. DE FOULAINÈS.

Leurs *Testaments*, leurs *Défenses*, les larmes des vrais Français et les vertus de leur FILLE seront le seul panégyrique digne d'eux. (*Letter from lord* DORMER *to* WRIN.)

NANTES.

CHEZ L'AUTEUR, RUE FRANKLIN, N° 12.

XIX DÉC. M DCCC XXIX.

Nantes. Imprimerie de Busseuil et Cie.

Introduction.

J'étais à Londres, le 21 janvier dernier. Affaissé par les souvenirs les plus déchirans, je me dis : Ici, comme à Nantes, la journée doit-être consacrée à mes augustes Bienfaiteurs ; la veuve *T...* possède des matériaux authentiques et inédits sur LL. MM. ; si elle ne me les vend pas, elle consentira peut-être à m'en faire l'éditeur. Dans cette dernière hypothèse, je rééditionnerais *Louis XVI et ses Défenseurs*, et offrirais des documens incontestables ; ils seraient à leur place dans un ouvrage, dont l'édition est épuisée.

Entré chez la veuve, je lui fais l'offre ou d'acheter, ou de lui faire acheter son porte-feuille, ou de l'intéresser dans les bénéfices à faire sur la nouvelle édition d'un livre dédié et présenté à *Louis XVIII.* *

Mes propositions parurent jeter cette dame dans l'abattement ; elle était tourmentée par son petit-fils, âgé de sept ans, qui poussait les hauts cris, parce qu'elle lui refusait un fruit pour son déjeuner ; son refus fut ainsi motivé : « *Les Anglais prouvent, par une cérémonie annuelle et expiatoire, qu'ils détestent le régicide usurpateur* ** : nous devons les imiter. Tu dois jeûner aujourd'hui... Mon père eut le malheur de céder aux menaces de *S. Just !* son cœur désavoua son vote, mais ce vote, malgré le sublime pardon des *Bourbon*, pésera à jamais sur ma race ! »

---

* *Moniteur*, des 4 et 11 novembre 1817 ; *Journal de Paris*, du 7 du même mois et *Journal de la Charente-Inférieure*, du 17 mai, même année.

** *Armées de Condé et de l'Ouest et Volontaires Royaux*, par *F. Delarue*, page 21. — Paris, Impr. *Charpentier-Méricourt*. — 8 avril 1825.

La conversation suivante s'engage entre nous : « Les fautes sont personnelles ; vos sentimens religieux, moraux et politiques sont les garans de ceux que vous inspirez à cet enfant, qui ne porte pas le nom de M. votre père. — La haîne divulguera son secret.... Je sais que l'Ange de la France écrivit sur les murs du Temple : *Pardonnez, ô mon Dieu, à ceux qui ont fait périr mes parens !* La postérité sera moins magnanime. — Rentrez dans notre Patrie. — Si je n'avais pas à y rougir, je suivrais votre conseil... Je vous ferais volontiers don de pièces inédites sur LL. MM. ; des amis de mon mari en ont traité avec les éditeurs d'une contrefaçon de *Louis XVI, peint par lui-même*... Avant de revoir Paris, je ferai élever un monument aux Auteurs révérés de notre *Dauphine*... En tête de l'ouvrage seront les *vers* de M. *Crosnier*, l'*adresse* de M. *Guélon-Marc*, le *portrait de la Reine*, par le Chevalier de *Boufflers*, les *renseignemens* donnés par vos anciens collégues, MM. *Leflo-de-Trémelot* et de *Tréméac*, à leur sauveur *, à celui de tant de Vendéens, sur le dévouement de M. *Tardivet-de-Durepaire*, qui défendit notre bonne Reine. J'ajouterais aux innombrables traits de bienfaisance de S. M. ce qu'elle fit pour *Billaud-Varenne*, pour *Chenier*, pour la prospérité du commerce, pour l'amélioration du sort des prisonniers. J'adresserais, sous le voile de l'anonyme, la brochure à la Compagne du *nouveau Vendôme*, le XIX DÉCEMBRE, *jour de la fête* de tous les genres d'*infortunés !* »

Je ne répondis que par des larmes, et promis d'exécuter son plan, pour l'*Anniversaire de la Naissance* de *Celle* qui nous réconcilia avec le CIEL, avec l'Europe et avec nous-mêmes.

---

* J.-M. L... né à C...., C'est d'après les docnmens avérés, fournis à ce vertueux citoyen, dont les deux enfans suivent les exemples, qu'a été rédigée la note sur M. de *Durepaire*, page 19.

LOUIS XVI

ET

MARIE-ANTOINETTE.

O France ! ô mon Pays ! tu respires enfin ;
Le règne des vertus a changé ton destin.
Vaisseau sans gouvernail, au gré de la tempête
Tu voguais incertain ; la foudre sur ta tête
Grondait, et sous tes pas, tu voyais s'entr'ouvrir
Un abîme effroyable où tout devait périr.
L'étoile des *Bourbon* paraît ; telle à la terre,
Par l'éclat radieux de sa triple lumière
Iris vient annoncer que l'orage a passé ;
Tels, au nom de ton Roi, tes malheurs ont cessé :
Il te ramène au port où sa main protectrice,
De l'État chancelant relève l'édifice.

Mais que de jours de deuil, avant d'aussi beaux jours !
Ma plume osera-t-elle ici tracer le cours
Des maux qu'ont enfantés nos discordes civiles ?
Sol de mon beau Pays, que de larmes stériles
Inondèrent ton sein, flétri par les forfaits

Des monstres que sans honte on appelait *Français*.
Français !.. Eh l'étaient-ils , ces tigres dont la rage
Mit à l'ordre du jour le meurtre et le pillage ;
Eux, qui pour usurper des titres et des biens,
S'abreuvaient à longs traits du sang des citoyens,
Qui du plus saint des Rois faisant une victime ,
Frappèrent la Vertu sur l'échafaud du crime ?
Ah ! pourquoi le soleil, témoin de tant d'horreurs,
Vint-il de ses clartés seconder leurs fureurs ,
Ou pourquoi l'Éternel, dans une nuit profonde ,
N'ensevelit-il pas les destructeurs du monde ?
Nos yeux, nos tristes yeux n'auraient pas vu *Louis*
Dans l'ombre des cachots courber un front soumis.
France ! tu l'admirais , alors qu'un diadême
Rehaussait sur son front l'éclat du rang suprême ;
Jeune, il montrait déjà les vertus de *Nestor* ;
Mais que nous étions loin de le connaître encor !

La seule adversité nous fait juger les hommes ;
Au faîte des grandeurs sait-on ce que nous sommes ?
Tranquille et d'un regard défiant les revers ,
Que *Louis* parut grand quand il fut dans les fers !
Je crois le voir encor sous les verroux du Temple.
Là, frappé de stupeur, l'Univers le contemple.
En paix avec lui-même , il montre à ses bourreaux
Les vertus d'un chrétien , le calme d'un héros ;
Rien ne peut l'émouvoir ; mais sa triste Famille,
Mais son Épouse en pleurs , mais son Fils, mais sa Fille,
Sa Fille..., notre espoir et que le Ciel un jour,
Pour consoler nos maux devait à notre amour.

Il entend leurs soupirs et sa voix les rassure ;
Il retient en son cœur le cri de la nature ;
Il se prive d'un bien qui reste aux malheureux,
Cette triste douceur de pleurer avec eux.
Écoutons : à son Fils, il donne avec tendresse
Ces préceptes pieux, enfants de la sagesse :

« Si jamais l'Éternel t'appelle à gouverner,
En montant sur le Trône, apprends à pardonner ;
Mon Fils, de nos tyrans oubliant la démence,
Sache venger ton Père à force de clémence ;
Il vont le condamner, lui qui veut leur bonheur ;
Ne les accusons pas, mais plaignons leur erreur. »

Eh ! quoi, dans l'infortune, un si noble courage
De ces monstres ligués n'a pas glacé la rage !
Non, dans ses noirs projets le crime est aveuglé,
Et la raison se tait quand la haine a parlé.

Au milieu des clameurs d'une horde inhumaine
A la barre fatale, on le pousse, on l'entraîne :
On va juger le Roi, le juger ! ô forfaits !
Le Fils de tant de Rois, le Fils du Béarnais
Vient s'asseoir sur le banc réservé pour le crime !
On ose l'accuser, ce Prince magnanime,
Qui, moderne *Titus*, régnait par ses bienfaits,
Et comptait ses enfans par ses nombreux sujets ;
Qui, d'un hiver glacé, bravant l'intempérie,
Rendait aux malheureux l'espérance et la vie ;
Qui, juste et généreux... Mais que font ses vertus ?
La Vertu pour le crime est un crime de plus.

Bientôt un vil ramas de la bande infernale

Osera lire au Roi la sentence fatale ;
Il l'entend. Sans pâlir il subira son sort ;
Lorsque l'âme est en paix, redoute-t-on la mort ?
Au-devant d'elle il marche, et dans ce jour terrible,
Seul entre ses bourreaux il porte un front paisible ;
Il jette sur son peuple un regard expirant,
Et son œil attendri se ferme en pardonnant.

Hélas ! que pouvions-nous pour lui servir d'égide ?
Quand les vents déchaînés sur la plaine liquide
Glacent d'un morne effroi les nautonniers tremblans,
Et que la mort mugit dans les flots écumans,
Quel *Éole* nouveau contiendrait leur furie ?
Sanglant profanateur du nom de la Patrie,
Le crime l'invoquait quand la Patrie en deuil
Avec son Roi mourant descendait au cercueil.

Tout disparaît alors avec la monarchie :
Sur le cercueil royal vient hurler l'anarchie,
Par le crime enhardi l'innocent est jugé,
L'Honneur est un vain mot, le vice un préjugé,
Et jusqu'à Dieu lui-même on veut tout méconnaître.
Le citoyen paisible, au toit qui l'a vu naître,
Soupire en le quittant un éternel adieu ;
Le malheureux, hélas ! ne sait plus en quel lieu
Il va porter ses pas et trouver un asile ;
De ses lambris dorés l'opulence s'exile ;
Sans force et sans balance, au sein de nos remparts,
Thémis avec horreur fuit le berceau des arts ;
Le talent est proscrit ; les Grâces fugitives
Qui brillaient sur nos bords, vont charmer d'autres rives.

Tout fuit ; et dans ces jours déshonorés, flétris,
De qui servit son Roi, la mort devient le prix.
  Que de noms, idoles de la France,
N'ont pu des meurtriers enchaîner la démence !
Gardons-nous d'exhumer ces funestes arrêts :
Le Tems, qui calme tout, doit calmer nos regrets ;
Il est vrai ; mais comment, du Temple de Mémoire
Arracher ces hauts faits, burinés par l'Histoire,
Et les pieux lauriers de ces martyrs divins,
Qui bravaient en tremblant le fer des assassins ?
De ma Muse, en ce jour, recevez donc l'hommage,
Vous tous qui, déployant un si mâle courage,
En défendant *Louis* vouliez sauver l'État.
  Guélon-Marc, que ce nom brille d'un noble éclat !
Je t'entends, malheureux du malheur de ton Prince,
A nos lâches tyrans, du fond de ta province,
Crier, d'un cœur Français : *Si c'est du sang qu'il faut,*
Parlez, et pour mon Roi je cours à l'échafaud.
  Mon œil croit voir encor le vaillant *Durepaire* *
Bravant des assassins la fureur sanguinaire :

---

* Ce Maréchal-de-Camp, père de Mme la Baronne *T. Charlet*, aperçoit M. *Luillier* à la porte des Cent-Suisses, disputant son épée, que des brigands veulent lui arracher. M. de *Durepaire* voit un des monstres prêt à assassiner par derrière le brave maréchal-des-logis ; il lui crie : « Vous allez être massacré ; rendez votre épée. » Dans ce moment, il est lui-même assailli. Tous les historiens de nos malheurs ont mis le nom de *Durepaire* en lettres d'or.

Les fédérés de l'Anjou présentent leur hommage à la *grande Reine*, le 18 juillet 1789 ; ils font l'éloge de la fermeté héroïque que S. M. déploya, le 6 octobre ; la Princesse répond : « Vous avez le droit de juger tout ce qui est élevé ; voilà l'un de ceux qui, pour me sauver, a exposé sa vie ; c'est de

S'il succombe, à la Reine il a servi d'appui,
Et ces mots l'ont payé : *J'allais périr sans lui !*
    Varicourt; il veillait à la porte sacrée
Dont l'Honneur seul gardait la vénérable entrée,
Quand un ramas impur de ces monstres hagards
Ordonne de livrer la Fille des *Césars*.
Au guerrier faisant tête à la horde sauvage,
Silence, dit un monstre affamé de carnage,
Silence, ou tu péris; mais lui n'hésite pas;
En France, les dangers font naître les d'*Assas :*
Sauvez la Reine, il crie; et le fer du perfide
Secondant la fureur de sa main homicide,
Vient couvrir le héros des ombres de la mort.
D'*Aflon*, qui d'un ami veut partager le sort;
D'*Aflon*, qui n'entend plus ni l'amour d'une mère,
Ni d'une amante en pleurs le conseil salutaire,
D'*Aflon* monte; il accourt, aperçoit... juste Ciel !
Varicourt, pâle, éteint, percé d'un trait cruel :
Arrêtez ! scélérats, respectez son courage,
Ou tournez sur moi seul l'effet de votre rage ;
Arrêtez...! Mais déjà de carnage échauffé,

son courage que la postérité parlera. » La Reine, en prononçant ces mots,
jette un regard attendri sur M. de *Durepaire*.

Le fils du Prince de *Craon* fut applaudi, à l'époque des fêtes pour le
couronnement de l'Empereur. Il parut au spectacle en uniforme de Garde-
du-Corps. LL. MM. II. lui dirent : « Nous honorons votre corps, en votre
personne. » L'ambassadeur d'Espagne ajouta : « On mettra un jour sur
vos enseignes les noms de *Miomandre*, de *Durepaire*, de *des Huttes*, de
Varicourt et de d'*Aflon.* » Les Abbés de *Trémélot* et de *Trémèac* ont vu
une colonne, dessinée par l'ordre et sous les yeux de *Pie VI*; le nom de
Durepaire y était entre ceux de *Charette* et de *La Rochejacquelein.*

Sur son corps tout sanglant le crime a triomphé :
Eh bien ! cria d'Aflon, servez-lui d'hécatombe ;
Mon service commence où mon ami succombe.

Non loin de nos héros, brillent *Hue et Clery*,
Chamilly, *Peronet*, *Turgy*, les deux *Thiery* ;
Nos neveux attendris les peindront, d'âge en âge,
Du Monarque-Martyr partageant l'esclavage.

Ils rediront aussi vos touchantes vertus,
O Fille de *Penthièvre !* et vos vœux superflus,
Alors que, pour sauver un Prince, notre idole,
Prodigue sans regrets les trésors du Pactole,
Vous formiez de vos biens une digue aux forfaits ;
Mais sur les cœurs pervers que peuvent les bienfaits ?
La main, la même main qui reçoit vos richesses,
Par la mort de vos Rois court payer vos largesses,
Et vous et de *Folmon*, frappés en même tems,
Vous tomberez peut-être à la fleur de vos ans.
Non, le ciel protecteur combla pour vous l'abîme
Où le crime veillait pour plonger sa victime ;
Il voulut conserver, dans un même tableau,
Tout ce que les vertus ont de grand et de beau.

Près de ces noms fameux, vont éclater encore
Les noms de ces mortels dont la France s'honore,
Qui, dans l'enceinte horrible où les dieux infernaux
Semblaient tous rassemblés pour décréter nos maux,
Protestent hautement contre la barbarie,
Fiers, en sauvant le Roi de sauver la Patrie :
Tels on voit *Richebourg*, *Duchâtel* et *Folmon*,
Meynard, *Vernier*, *Kersaint*, *Villette*, *Morisson*,

Et tant d'autres encore , dont l'audace intrépide
Affronta des tyrans la fureur homicide ;
Tels on voit, à leur tour, d'éloquens orateurs
Qui disputent *Louis* à ses persécuteurs.

Malesherbes , du Roi le conseil et l'appui ,
Brigua l'insigne honneur de mourir avec lui ;
Et son nom, révéré dans le lointain des âges ,
Servira de modèle aux héros comme aux sages.

Narbonne , à qui les arts ont dû tant de lauriers,
Rempart vivant du Trône et cher à nos guerriers ;
Les deux *Nicolaï*, dotés par la nature ,
Patriarches savants de la magistrature ;

Tolendal , illustrant sa gloire héréditaire ,
Et faisant pour *Louis* , ce qu'il fit pour son père ;
Le généreux *Dalmas* , si cher aux Rochelais ,
Protégeant les *Bourbon* , chassés de leur palais ;
Et ce brillant rival du brillant *Démosthène* ,
Desèze de son Roi voulant briser la chaîne.
Vers ce poste de gloire il n'est pas appelé ;
A son cœur tout Français l'Honneur seul a parlé ;
L'Honneur seul lui prescrit de sauver l'innocence ,
Et de tous ses discours quand la mâle éloquence
N'eût point frayé sa route à l'immortalité ,
Ces mots marquent son rang à la postérité :
Je ne trouve en ces lieux , par de vains subterfuges,
Que des accusateurs où je cherchais des juges.
F... * , qui toujours brave la tyrannie ,

---

* Né le 29 avril 1767.

Riche de sentiment, de grâce et d'énergie :
Sa plume sans effort suit l'élan de son cœur,
Et son cœur est toujours inspiré par l'Honneur.
Rien ne peut captiver le feu qui le dévore ;
S'il défendit *Louis*, il fera plus encore.
Vous le savez d'*Enghien*, vous dont le sort cruel
Imprime à vos bourreaux un opprobre éternel,
Hélas ! de vous sauver il envia la gloire.
Mais je vois de vos mains s'échapper la victoire :
D'une Famille auguste, immortels défenseurs,
En vain de ses bourreaux vous bravez les fureurs ;
La foudre gronde, éclate et vient frapper sa tête :
Devant les lois du sort l'effort humain s'arrête.

Si le Tems, insensible à ses heureux accords,
Du chanvre des *Moissons* n'eût pas privé nos bords,
Des Fils du Béarnais le retour tutélaire
Eût encore échauffé sa verve octogénaire :
Son cœur était Français, on devine les sons
Que sa lyre eût produits en chantant les *Bourbon*.
Mais il revit en toi, dont la Muse facile
Nous rappelle par fois l'émule de *Virgile*,
Aimable *Des-Islets*, que ton brûlant pinceau
Trace de nos malheurs l'effroyable tableau ;
Fais passer dans tes vers le feu de ton génie ;
Anime, embrâse tout ; et que la tyrannie,
Palissant à ta voix, succombant sous tes traits,
Dans la nuit du tombeau s'enferme pour jamais.
Ah ! pour nous que ta muse encore généreuse
Évoque s'il se peut l'époque douloureuse,

Où tant de preux divers , fidèles à leur foi,
En son illustre exil accompagnaient leur Roi.

    Rappelle nous *Bery* , dans sa marche guerrière,
Des Lis , le fer en main , défendant la bannière ;
    D'Angouléme , contraint de quitter nos climats ;
Mais fier et parsemant de lauriers tous ses pas.

    Veux-tu cueillir enfin une palme complète ,
Sous le ciel du Midi transporte ta palette,
Peins l'auguste Héroïne , au champ des Bordelais ,
Signalant ses vertus , signalant ses bienfaits ;
Dans le sein des périls intrépide Amazone ,
Et par sa piété sanctifiant *Bellone* ,
Elle règne , et malgré le cri des factions ,
Elle emporte avec soi les bénédictions.
Mais que dis-je ! il faudrait, pour chanter ses louanges ,
La harpe du Prophète et les concerts des Anges.

    Si par d'autres récits tu veux sécher nos larmes ,
De nos jeunes soldats retrace les faits d'armes :
Poète et fils de *Mars* , le casque du guerrier
Sur ton modeste front cache un double laurier.
Montre-nous ces héros , remparts de nos murailles ,
Ou fixant la victoire au milieu des batailles ,
Et faisant dire au monde , au bruit de leurs succès :
L'Habit de Grenadier venge l'Honneur Français.

    Pour moi , qui de la France ai décrit les alarmes ,
De parler du présent je veux goûter les charmes.
Tout renaît parmi nous , un heureux avenir
Efface de nos maux le triste souvenir :
Nous l'avions bien pensé : les beaux arts et la gloire

Ne pouvaient fuir long-tems le sol de la victoire ;
Mais si *François Ier*, instruit de tous nos maux ,
S'échappait à nos yeux de la nuit des tombeaux ,
Et qu'il nous demandât : *Par quels heureux prestiges*
Avez-vous pu sitôt créer tant de prodiges ?
Du règne d'un *Bourbon* qu'a-t-il fallu ? trois ans.
O mon Roi, de ton peuple exilé trop long-tems ,
Nous ignorions qu'un Dieu qui veillait sur la France,
Dût un jour sous tes lois la rendre à l'espérance ;
Enfin nous arrivons au terme des fléaux ;
Notre sort est le fruit de tes savans travaux ;
Les Lettres , dont l'amour fit toujours ton envie
Et de si belles fleurs a couronné ta vie ,
Dans le Chef de l'État trouvent un noble appui ;
Le mérite est pour toi le seul titre aujourd'hui.
Tu vas prêter du lustre à tous tant que nous sommes ,
Oui, toujours les grands Rois enfantent les grands hommes;
Virgile sans *César* aurait-il existé ?
Horace eût-il vécu dans la postérité ?
Et sans *Louis-le-Grand*, une flamme divine
Aurait-elle allumé la verve de *Racine* ?
    En quel tems plus propice à tes nobles projets
Pourrais-tu signaler ton règne et tes bienfaits ?
La Fille de nos Rois, ta fidèle *Antigone*,
Ajoutant à l'éclat dont brille ta couronne ,
Sait fixer les vertus, comme aux murs de Bordeaux
Elle avait su fixer l'Honneur sous tes drapeaux.
Le *talent* trouve en elle un *appui* tutélaire,
Et plus d'un *malheureux* peut la nommer sa *mère*.

Ce PRINCE qui nous dit quand il s'offrit à nous :
C'est un Français de plus qui revient parmi vous,
Te présente ses Fils pour défendre ton Trône.

L'un s'illustre à jamais sur les rives du Rhône,
Et montre sa grande âme, en inclinant son front
Sur la cendre des preux tombés à Quiberon.

L'autre, sans s'ébranler maîtrisant la fortune,
De sa vaillance encor fait retentir Béthune.

Une jeune Princesse, espoir de mon pays,
A resserré les nœuds de deux peuples amis,
Et par elle des Lis la tige renaissante
Va fixer sous ses lois la France obéissante.

Poursuis, Prince, poursuis ton règne glorieux ;
La France, qui rampait sous un joug odieux,
De sa cendre, à ta voix, va renaître plus belle,
Et le siècle *d'Auguste* aura brillé pour elle.

Et nous, Français, et nous, entourons de nos vœux
Les descendans des Rois qu'honoraient nos aïeux ;
On chérit le pouvoir qu'on peut servir sans crainte ;
Libres avec sagesse et soumis sans concrainte,
Savourons un bonheur inespéré pour nous,
Rendons de nos destins le monde entier jaloux,
Et gravons dans nos cœurs cette Loi qui nous crie :
En défendant son Roi, l'on défend sa patrie.

Paris, 21 *janvier* 1819.

F.-L. CROSNIER.

ADRESSE EN FAVEUR DE LOUIS XVI.

Guelon-Marc au Président de la Convention.

Citoyen président, c'est dans l'attente d'un décret qui va décider du sort d'un monarque bienfaisant, que tout Français a droit de manifester librement son opinion. Quiconque contribuera au triomphe de *Louis*, servira notre patrie. Des siècles n'ont pu effacer de la mémoire d'une nation généreuse, éclairée et hospitalière, le souvenir de la fin de *Charles I;* les Anglais prouvent par une cérémonie annuelle et expiatoire, qu'ils détestent le régicide usurpateur.

Des vœux stériles sont un trop faible hommage pour une âme pénétrée d'amour et de fidélité. Des intérêts moins puissans déterminèrent un Romain à sacrifier sa vie à son pays ; *Régulus* courut au-devant du supplice qui l'attendait à Cartage. L'histoire, qui met les criminels au carcan de l'opinion publique, l'immortalisa.

Jamais la France n'eut de plus grands intérêts à ménager qu'au moment où l'Univers attend, dans une morne stupeur, l'issue de débats dont les préliminaires annoncent l'irrévocable projet d'un assassinat. Que la vie de *Louis* soit respectée, et les Puissances se prêteront à des accommodemens qui peuvent seules mener à la paix.

Mais si *Louis..!* Sa cause sera celle de toutes les Têtes ceintes du diadême, la vengeance concentrée ne sera que plus effrayante dans son explosion, et notre Patrie, comme un vaste cimetière , n'offrira aucune trace des monumens dont le génie des arts et la munificence de nos Rois l'avaient enrichie. Nous serons esclaves , parce qu'une sage Liberté ne se plaît qu'à côté de la Justice.

Que la convention pèse donc , je l'en conjure, au nom de l'éternelle équité , supérieure aux lois nées et à naître, les suites inévitables d'un forfait , dont le résultat serait de punir l'innocence pour exaucer vingt de ses *accusateurs,* qui ne peuvent être *plaignans*, *témoins , législateurs* et *juges.* Que le *salut du peuple,* que la convention dit être la Loi suprême , soit la base du décret qui laisse à *Louis* la faculté d'aller avec son auguste Famille , se consoler loin de la terre natale , par le souvenir de ses bienfaits. Ne familiarisez pas une nation sensible avec l'ingratitude et le sang.

« Si, comme l'affirme l'auteur de la *Défense Préliminaire* inédite , le décret de mort fut porté dans les assemblées électorales; si ce vote anticipé devint le gage de votre nomination » , acceptez une victime fière de se dévouer; que le sang d'un fidèle sujet soit seul versé. *J'offre ma tête pour celle du meilleur des Rois.*

Que l'ami de la Religion , des mœurs et de l'ordre; que le soutient du peuple, que celui qui fit tous les sacrifices, que le bon époux, le bon père soit libre; que 25,000,000 d'hommes , dont il fit le bonheur ne soient pas orphelins ; mais que , pour un crime imaginaire , on se contente de la vie d'un citoyen, qui saura mourir, parce que l'échafaud peut être un lit d'honneur ; ses derniers vœux seront : *Gloire à Dieu, fidélité au Roi, prospérité à la France, paix au monde.*

Étranger à la cour, je n'ai jamais eu de rapport avec *Louis* ; jamais ne sollicitai sa faveur, ni celle de sa maison, ni celle des dépositaires du pouvoir. Je le chéris et le révère, parce que je suis Français, et qu'il serait le plus infortuné des hommes, s'il n'était pas le plus vertueux.

Mettez, je vous prie, la présente sous les yeux de la Convention ; elle est l'expression fidèle d'un homme qui n'a prévenu qui que ce soit de sa démarche ; son épouse, son fils, ses parens, ses amis l'ignorent ; il doit être seul responsable de ses suites. Il n'a pris conseil que de son cœur ; il n'a vu que le danger du père d'un grand peuple, les périls de la patrie, la sûreté de l'innocence et la crainte d'une tache ineffaçable que le *Tacite* du siècle n'attribuera point à la Nation, dont le deuil exprime le vœu ; fût-il légal de le d'édaigner, est-il prudent de le contrarier ?

Troyes, 16 *décembre*, 1792.

GUÉLON-MARC.

LETTRE DE M. DE MALESHERBES,

A P.-P. GUÉLON-MARC.

J'ai lu, *Monsieur*, avec le plus vif intérêt la lettre que vous m'avez fait l'honneur de m'écrire, le 25 de ce mois, et l'ai mise sous les yeux de *Louis XVI* avec la copie de votre *Adresse*. Le Roi a éprouvé le plus grand attendrissement, et a baigné de ses larmes ces gages authentiqmes de dévouement. Que n'avez-vous pu être témoin de sa sensibilité, et entendre les expressions de sa reconnaissance, si vivement excitée dans le cœur de celui qu'à si juste titre vous nommez le *meilleur* et le *plus juste des Rois* !

S. M. a été d'autant plus pénétrée de votre générosité, que jamais vous n'avez sollicité sa bienveillance, et n'en avez reçu aucune faveur. Elle n'a point oublié qu'à deux époques mémorables vous aviez signalé votre amour et votre fidélité par votre inscription sur la liste des *Otages* offerts en août 1791, pour obtenir sa liberté, et par une *Adresse sur* l'affreuse *journée du* 20 *juin* suivant.

Si son innocence triomphe, S. M. vous comblera des marques de son estime et de sa reconnaissance, et ne croira point récompenser le service que vous voulez lui rendre au péril de votre vie. Mais si elle devient la victime des projets régicides, si ouvertement manifestés, vous n'échapperez point à leur fureur, et l'échafaud deviendra l'unique prix d'une action qui n'aura peut-être pas un imitateur, et qui vous consacre à l'immortalité.

Il est bien doux pour moi, au milieu des anxiétés que je partage avec *vous*, avec *mes deux collaborateurs*, et avec *l'auteur* de la *Défense Préliminaire*

du 24, sur la situation du Monarque, d'être l'inter-
prète des sentimens que vous lui inspirez. J'écris
sous ses yeux, et en son nom. Je ne vous rends
que faiblement la vive émotion dont S. M. est pénétrée ; c'est dans son cœur que je vous invite à des-
cendre pour vous en former une juste idée, et en sentir
tout le prix. Le mien n'est pas moins touché de votre
action ; elle vous place au rang des plus grands
héros.

Agréez, Monsieur, le sincère hommage de mon
admiration et de mon inviolable attachement.

Paris, 28 *décembre*, 1792.

MALESHERBES.

PORTRAIT DE LA REINE MARIE-ANTOINETTE,

PAR LE CHEVALIER DE BOUFFLERS.

Si j'osais tracer à V. M. l'image d'une personne
vraiment digne des hommages de l'Univers, sur qui
le Ciel semblerait avoir d'avance répandu l'éclat du
diadême, qui joindrait une dignité plus qu'humaine
à une grâce presque divine, dont l'affabilité con-
serverait je ne sais quoi d'imposant qui obligerait à
la vénération en permettant la confiance, et chez
qui enfin la délicatesse de son sexe, en offrant l'expression des qualités les plus aimables, semblerait
servir de voile à la force et au courage d'un héros,
V. M. nommerait l'auguste *Marie-Thérèse*, et tous

les Français nommeraient sa Fille. Si je faisais connaître cette âme égale et généreuse, aussi forte contre ses propres chagrins, que sensible aux peines des autres, avec cette raison en même tems maîtresse d'elle-même, souvent inspirée, jamais dominée par les évènemens; enfin, si j'essayais de peindre ce don heureux d'étonner et de gagner les esprits par un maintien toujours digne, mais toujours conforme aux circonstances les plus difficiles; et ce charme indéfinissable qui naît de la convenance et de la gloire, et qui prête aux moindres paroles plus de force qu'à des armes, et plus d'espoir qu'à des bienfaits, V. M. continuerait toujours à reconnaître et à être reconnue.

EXTRAIT DE LA DÉFENSE PRÉLIMINAIRE DE LOUIS XVI.

Page 22 de l'édition de d'*Odoucet*, et 19 de celle de *Migneret*.

Que de traits d'une ingénieuse générosité, les modestes vertus de *Louis* et d'*Antoinette* dérobent à la connaissance de la foule égarée! *Antoinette* est instruite par *Nesle* et *Tessé*, que l'historiographe *Garnier* végète, et que *Billaud* et *Chenier* sont poursuivis pour dettes. Sa munificence charge l'abbé *Guyot* de porter des secours à l'académicien, et de libérer *Billaud* et *Chenier*. La Princesse dit au célèbre prédicateur, avec cette grâce qui ajoute au bienfait : *Qu'ils ignorent d'où cela vient; les historiens,*

les poètes et les infortunés ne savent pas se taire.
« Une république ne peut être stable, si l'*ingrati-*
tude, dit *Wielbock,* n'y est pas punie comme l'*ho-*
micide. »

Vous criez !... et je n'ai pas encore touché les chairs vives. *Billaud,* vous imprimiez naguères que ce *Boufflers* était incapable d'adulation, que le 26 novembre 1789, il dit à la Reine ce qu'en dira l'Histoire. Eh bien ! acquittez une portion de votre dette, en rappelant le passage (page 21) de notre *Anacréon.*

───────⟡───────

SOLLICITUDE DE LL. MM. POUR LES PRISONNIERS.

On bénira à jamais les Émules de *S. Vincent-de-Paul ;* ils choisirent la plus rigoureuse des infortunes pour l'adoucir. Par eux tous les genres de consolation descendirent dans les asiles de la douleur, du remords et du désespoir. La victime d'une apparence trompeuse ou d'une méprise trouvèrent des appuis. La Reine fit écrire au Baron de *Bréteuil* : « Le Roi veut que les prisonniers jouissent de tous les secours dûs au malheur; que vous les fassiez instruire et travailler et que le fruit du labeur leur soit donné. »

Le Baron de *Vanssay* fait pour les détenus de la Loire-Inférieure ce qu'il fit pour ceux des départemens dans lesquels ce Conseiller d'État laisse de précieux souvenirs. Sa bienfaisance est secondée par celle de

MM. *Papin*, *Bernede*, *L. Levesque*, *Fouré*, *Paty*, *Lafont*, *Benoist*, *Gely* et *Sallion*.

PROTECTION ACCORDÉE AU COMMERCE.

Louis XVI et son auguste Compagne sentirent que la connaissance des langues vivantes était indispensable aux échanges. Lors de la convention des États-généraux, le Roi fit enjoindre à ses universités de professer toutes les langues modernes. *Condorcet* eut l'ordre de surveiller et de faire surveiller l'enseignement public. *Charles X* a les mêmes intentions, tout fait présumer que M. *Guernon* de *Ranville* se fera rendre compte des savants et innombrables mémoires adressés aux *Sociétés* réunies *de la Morale Chrétienne, de l'Instruction Élémentaire et des Méthodes*, sur la *Liberté de l'Enseignement*. Les juges de cette grande question regretteront que M. *A. B...* (de Nantes) ne leur ait pas soumis son travail inédit, intitulé : *Rapports des Langues Française et Anglaise avec les Nations civilisées et le Commerce*. L'épigraphe suivante, du Lieutenant-Général Baron de *Pommereul*, offre le plan et le but de M. *B...* :
« Comprenons *Pope*, comme nos voisins comprennent *Racine*, et que nos relations commerciales et de société ne soient plus entravées par l'ignorance de langues que *Hume* et *Montesquieu* enrichirent. »
J'ai broyé les couleurs, un autre fera le tableau.